André Kürzel

AF272537

Kata in der Produktion

Kapieren statt kopieren -
mit eigenen Routinen
in Richtung Zielzustand

Produktion kompakt
Band 1

Impressum

2. Auflage 2017
Überarbeiteter und erweiterter Inhalt

Texte und Bilder:
Copyright: © 2017 by André Kürzel
79618 Rheinfelden
Alle Rechte vorbehalten.

Die Printausgabe ist bei BoD Norderstedt
erschienen.

Herstellung und Verlag:
BoD - Books on Demand, Norderstedt
ISBN 978-3-8370-0942-2

Die Deutsche Nationalbibliothek verzeichnet
diese Publikation in der Deutschen
Nationalbibliografie.

eBook
published by
Amazon Kindle Direct Publishing KDP

Inhalt

Einleitung

**„Die Dinge sind nie so, wie sie sind. Sie sind
immer das, was man aus ihnen macht."**
Jean Anouilh

Wenden Sie in Ihrer Firma den PDCA-Zyklus an?

Sind Sie sicher?

Obwohl das Grundprinzip aus „plan, do, check,
act" generell einfach zu verstehen ist, wissen
die meisten Mitarbeiter nicht, was sich hinter
den Worten konkret für ihr Tagesgeschäft
verbirgt.

Dabei kann nur eine klar definierte Routine in
Fleisch und Blut der Mitarbeiter gehen.

In den letzten Jahren wurden zwei weitere
Routinen als integraler Bestandteil von Toyotas
Führungskultur ausgelobt:

- Die Verbesserungs-Kata als Routine zur
  kontinuierlichen Verbesserung im Sinne
  der Unternehmensziele.
- Die Coaching-Kata als Routine zur
  täglichen Mitarbeiter- und
  Organisationsentwicklung.

In diesem Buch soll die Anwendung der beiden Routinen auf den Punkt gebracht werden und Shopfloor-Management mittels einfacher Kennzahlen vorgestellt werden.

„Kapieren statt kopieren" soll aber auch Mut machen, eigene Routinen als Firmen-Standard einzuführen anstatt Lean-Methoden unreflektiert zu kopieren.

Wie wäre es zum Beispiel mit "PUPS" als Auslegungsvariante des PDCA-Kreises?

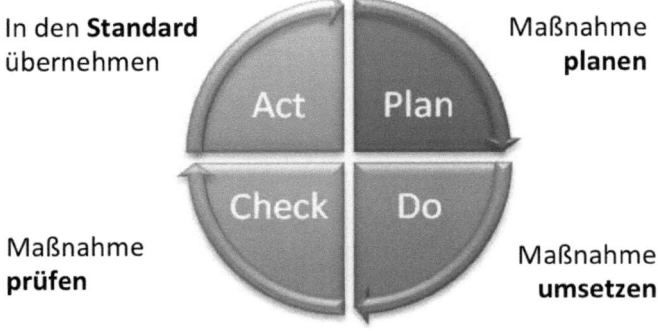

In den **Standard** übernehmen

Maßnahme **planen**

Maßnahme **prüfen**

Maßnahme **umsetzen**

Abbildung 1:
Eigene Verbesserungsmethoden und- Routinen statt unreflektiertes Übernehmen von unverständlichen Standards („PUPS" = planen, umsetzen, prüfen, standardisieren)

Abbildung 2:
Die Inhalte stammen aus meinem Buch Produktionssystem, Fertigungssteuerung, Toyota und Kata (siehe Empfehlung am Ende des Buchs)

Über Feedback unter kuerzel@web.de oder Bewertungen bei Amazon würde ich mich freuen.

André Kürzel

http://kuerzel.jimdo.com

Toyotas Produktionssystem

„Denk an die großen Dinge, wenn du kleine Dinge tust, damit all die kleinen Dinge in die gewünschte Richtung führen."
Alvin Topfler

Das Toyota-Produktions-System gilt immer noch als das weltweit erfolgreichste Produktions-Zielsystem. Es dient als Grundlage bzw. Vorbild für die meisten Unternehmen, die Lean Management oder Kaizen eingeführt haben.

Das Toyota-Produktions-System

- ist eine Denkweise bzw. Einstellung im Management,
- ist nicht nur eine Methodensammlung,
- ist ein ständiges Streben in Richtung Nordstern, nach einem noch nicht erreichten Idealzustand:

- 0-Fehler im Prozess und Produkt,
- Durchlaufzeit gleich Wertschöpfungszeit,
- in Losgröße 1 nach Kundenauftrag hergestellt.

Was macht bis heute den Unterschied zu anderen Unternehmen aus?

Konsequenz

Toyota hat seine bis heute gültigen Ziele diszipliniert und unbeirrt verfolgt. Bewährte Prinzipien und Methoden wurden weiterentwickelt und in der Organisation verbreitet. Die ganzheitliche Denkweise und die Kultur wird konsequent (vor)gelebt.

Das Toyota-Produktionssystem TPS wurde von vielen deutschen Unternehmen kopiert. Meistens hat man das Methodengebäude mit Praktiken und Prinzipien imitiert oder noch einfacher: Man hat alle Tools und Techniken, die im eigenen Unternehmen schon mal im Einsatz waren, aufgelistet und dies dann Werkzeugkasten des Produktionssystems genannt.

Sinnfragen können jedoch nicht aus Methoden abgeleitet werden.

Trotzdem haben die meisten Firmen keinen ultimativen Zielzustand bzw. Nordstern formuliert.

Im Gegenteil: es gibt Unternehmen, die „one piece flow" deshalb nicht als oberstes Ziel formulieren, weil „dieses Idealbild scheinbar nicht erreichbar ist".

Anmerkung: dieses Verständnis ist falsch, denn der Nordstern soll nur die Richtung vorgeben - wie früher bei den Seefahrern und ist nicht zu verwechseln mit einem konkreten Zielzustand.

Standards und Routinen

„Geringes Wissen, das tatkräftig angewendet wird, ist unendlich mehr wert als großes Wissen das brachliegt."
Khalil Gibran

Sobald Mitarbeiter oder Gruppen ähnliche Dinge tun, ist es förderlich, gleiches gleich zu machen. Je mehr Personen dies betrifft, umso mehr lohnt es sich, Zeit dafür zu investieren, Abläufe zu durchdenken, zu planen, zu optimieren und zu standardisieren.

Um neue Lösungen zu vereinheitlichen, brauchen Sie im ersten Schritt jeweils mehr Zeit. Dieser zusätzliche Aufwand für Planung und Prävention ist zugleich gut investiert, denn Sie vermeiden, dass ein Mitarbeiter jedes Mal wieder „Lehrgeld" bezahlt.

Für eine Standardisierung reicht es nicht, dass Sie sich ideale Abläufe überlegen. Normalerweise sollten diese in der Praxis geübt, optimiert und dann schriftlich fixiert werden. Die Mitarbeiter sollten wissen, was und wie etwas zu tun ist.

Standardisierte Arbeitsabläufe ermöglichen auf einfachere Weise, Rückschlüsse auf die Ursache zu ziehen wenn Probleme auftreten.

Verbindliche Formen in der Arbeitsausführung ermöglichen dem Management, erreichte Verbesserungen zu stabilisieren, d.h. nicht wieder auf das ursprünglich schlechtere Niveau zurückzufallen.

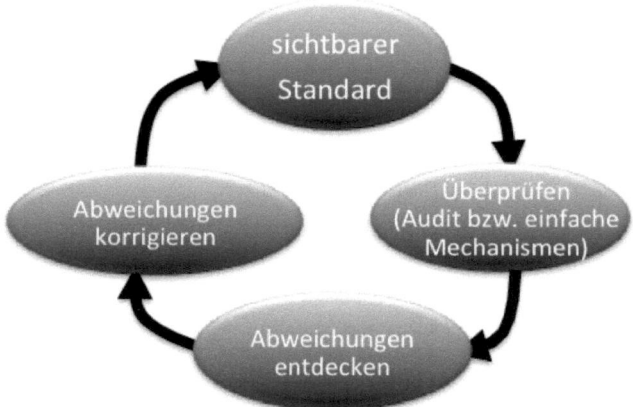

Abbildung 3:
Visuelle Standards als Basis, um Abweichungen zu erkennen und Konsequenz zu erzielen.

Nachhaltiges Üben mit Konsequenz sorgt dafür, dass die „Handgriffe" zur Routine werden. Die Voraussetzung ist, dass sich jeder Mitarbeiter an die Regeln zu halten hat.

Es darf bei den Mitarbeitern nie heißen, „Ich arbeite nach meinem eigenen System, denn nach Arbeitsanweisung funktioniert es nicht". Mitarbeiter sollten konsequent nach den Regeln arbeiten (können).

Standards und Routinen – warum?

Ein Standard beschreibt wie ein Prozess ablaufen soll.
Standards und Routinen...

- erleichtern die Verständlichkeit,
- verbessern die Kommunikation und die Zusammenarbeit,
- beinhalten die Erfahrung und das Wissen des Unternehmens,
- bieten erprobte Lösungen und Wege an,
- befreien vom Nachdenken über Routinetätigkeiten,
- stellen Überprüfungsroutinen dar,
- fokussieren auf das Wichtige.
- Visuelle Standards helfen zur Überprüfung der Einhaltung.

Abweichungen vom Standard sind zu vermeiden, außer sie sind der erste Schritt zu einem verbesserten Standard, d.h. entweder führen Änderungen in der Arbeitsweise zukünftig zur einer Änderung in der Arbeitsanleitung oder andere Voraussetzungen sind zu erfüllen, z.B. Änderungen am Produkt, an der Maschine, etc..

Wenn Sie bewusst Ausnahmen in einem engen Rahmen tolerieren oder wenn Sie vermeiden wollen, dass Mitarbeiter das Gefühl bekommen, dass sie nicht mehr mitzudenken brauchen, sollten Sie die Regelungen als Handlungsanleitungen definieren, d.h. diese müssen standardmäßig angewendet werden.

Wenn ein Mitarbeiter eine andere Lösung anwenden will, hat er die Chance diese mit dem Chef oder einem Fachmann abstimmen zu können. Er muss aber in jedem Fall gute Gründe nachweisen, um eine Ausnahme erwirken zu können.

Über die Jahre hinweg habe ich die Einführung von KANBAN-Regelkreisen begleitet und war Widerstand der internen und externen Lieferanten, aber auch der Steuerer gewohnt. Bei der Umstellung wurden jeweils die Parameter berechnet und Einzelfälle in Frage gestellt, z.B. „Bei Teil 4711 führt dies zu mehr Bestand bzw. Flächenbedarf" oder „Die Rüstkosten steigen dann enorm".
Die Argumentation war nach traditioneller Herangehensweise richtig, das ständige Abwägen der Vor- und Nachteile machte die Einführung jedoch zeitaufwändig.

Eine schnelle Umstellung konnten wir so nicht erreichen, denn dies war weder zielgerichtet, noch einheitlich. Die resultierende Mischung von normalen und KANBAN Aufträgen erschwerte die Steuerung.

Endress+Hauser hat mit der Stammmannschaft 3000 Kanban-Regelkreise in einem Jahr einführt.

Was war das Erfolgsgeheimnis?

„Das Geheimnis des außerordentlichen Menschen ist in den meisten Fällen nichts als Konsequenz."
Buddha

Der Leiter Operations war vom Thema KANBAN überzeugt. Es gab eine klare Definition, ab welcher Verbrauchsfrequenz KANBAN genutzt werden sollte. Diese Vorgabe wurde in einer Handlungsanleitung festgeschrieben und es wurde darüber hinaus keine Diskussion zugelassen.
Durch diese schnelle Umstellung gab es keine lange Übergangsphase bzw. Mischform von KANBAN-Steuerung und herkömmlicher Steuerung in den Fertigungen. Die Vorfertigungen mussten sich schnell auf verkleinerte Losgrößen einstellen. Und das haben Sie auch gemacht.

Was war nicht eingetreten?

Die Produktivität der Vorfertigung ist trotz kleinerer Lose nicht gesunken. Bei der Steuerungsabteilung wurde mehr Personal-Kapazität frei, als für die Pflege der KANBAN-Regelkreise notwendig ist.

Und was lernen wir daraus?

- Standards müssen vom oberen Management eingefordert werden – Verstehen reicht nicht.
- Erfolgsfaktoren sind gesunder Menschverstand, strategische Sinnhaftigkeit, Mut und Konsequenz.
- Eine klarer Zielzustand erleichtert die Arbeit der Beteiligten.
- Einzelfall-Entscheidungen sind ineffizient, kontraproduktiv und deshalb zu vermeiden.
- Unter dem Strich ist das in Kauf nehmen von Nachteilen im Einzelfall besser als „klein-klein".

Es ist faszinierend, wie eine Persönlichkeit im Top-Management die Arbeitsweise und die Zielrichtung entscheidend verändern kann – oder eben nicht.

Es reicht einfach nicht, dass der technische Leiter oder Geschäftsführer versteht, was ein Produktionssystem ist. Auch reicht es nicht aus, dass er „dahinter steht".

Der Feldherr braucht einen Schlachtplan und idealerweise reitet er an vorderster Front - es reicht nicht „Attacke" zu schreien.

**„Den meisten helfen all die Daten nicht weiter.
Was Sie wissen müssen ist:
Welche strategischen Fragen muss ich beantworten?
Welche Variablen sind zu berücksichtigen?"**
Jack Welch

Beim Berg zählt nur der Gipfel

„Nur der Gipfelerfolg zählt. Kehrt man 200 Meter vor dem Ziel um, ist das Ziel nicht erreicht. Diese strikte Regel gilt auch für das Management."
Fredmund Malik

Ein Bergsteiger wäre schlecht beraten, wenn er nur Bücher liest und Theorieschulungen besucht, um sich auf eine Bergbesteigung vorzubereiten. Er muss die Kniffe am Berg lernen, weiterentwickeln und Routine erlangen. Dazu gibt es keine Alternative.

Bergsteigen und Management
(frei nach Prof. Dr. F. Malik)

Bergsteigen und Management haben Gemeinsamkeiten.

- Nur ein großes Ziel mobilisiert die Mitarbeiter.
- Selbst bei großen Zielen erfolgt ein Schritt nach dem anderen.
- Kurze Regelschleifen und Erfolgskontrollen sind wichtig.
- Standards und Routinen helfen, dass sich der Bergsteiger auf das Wesentliche konzentrieren kann.

Der Vorgesetzte sorgt dafür, dass die Richtung stimmt, der Mitarbeiter überwindet selbständig die nächsten Hindernisse.

„Mache den nächsten Schritt erst, wenn du gesehen hast, wie der vorausgegangene wirkt."
Fredmund Malik

Der Bergsteiger versucht den Gipfel zu erreichen, aber in erreichbaren Etappen. Kein Achttausender kann an einem Tag bestiegen werden. Der Bergführer konzentriert sich zunächst auf das Erreichen des nächsten Basislagers.

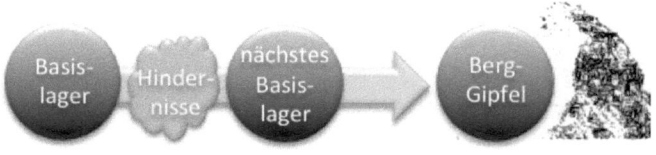

Abbildung 4:
Sinnvolle Zwischenziele auf dem Weg zu Gipfel

Auf gleiche Weise sollte auch der Vorgesetzte sinnvolle erreichbare Zwischenziele definieren und den Mitarbeiter auf diese Weise mit auf die Reise nehmen.

Zielfoto des Top-Managements

„Viele sind hartnäckig in Bezug auf den einmal eingeschlagenen Weg - wenige in Bezug auf das Ziel."
Friedrich Nietzsche

Egal welchen Namen das Kind trägt, ob Lean, Kaizen, Produktionssystem oder Six Sigma – es liegt in der Verantwortung des Top-Managements die Erwartungen an die Organisation zu formulieren.

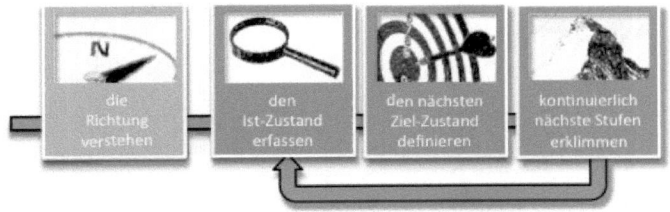

Abbildung 5:
Die kontinuierliche Verbesserung braucht eine klare Richtung und Zwischenetappen
(Zielzustände)

Nur durch ein emotionales Zielfoto kann ich ein Unternehmen zum gemeinsamen Aufbruch in eine neue Richtung bewegen. Dabei liegen die Grenzen nicht in den Dingen selbst, sondern nur in der Annahme von Dingen.

Sie können also ruhig ein Bild malen, das aus heutiger Sicht unmöglich scheint – Hauptsache Ihre Motive sind klar, nachvollziehbar und attraktiv.

„Führung ist ganz einfach: man muss nur sagen, was man will."
Helmut Maucher

Bei FESTO mündet die Unternehmensstrategie in eine lebendige Zeichnung, in der die Ziele der nächsten Jahre bildhaft skizziert sind. Die obersten Umsetzungsziele werden auf Einzelziele heruntergebrochen. Dies sind im Normalfall 3-5 Einzelziele pro Fertigungsgruppe. Der jeweilige Beitrag einer Meisterei zum Gesamtziel wird konkret ausgewiesen und ausgehängt.

> **Ziel: Produktionskosten um 5 % senken**
>
> Dies bedeutet für unsere CNC-Fertigung:
>
> - Rüstzeitsenkung um 20% durch SMED
> - Verringerung des Suchaufwands durch 30% weniger WIP
> - Verkürzung der Stillstandszeiten um 10% durch vorbeugende Wartung

Abbildung 6:
Unterziele einer Meisterei als Aushang
(exemplarisch)

Verhaltensmuster sind veränderbar

**"Neue Fähigkeiten zu lernen ist leicht.
Alte Gewohnheiten abzulegen ist hart."**
Helmut F. Karner

Die Art, wie Menschen (unbewusst) handeln, ist durch die Erfahrungen aus der Kindheit geprägt und wird im Laufe der Erziehung regelrecht antrainiert. Weil Menschen in diesem Korsett gefangen sind, ist es für sie nicht einfach ihre Arbeitsweisen, Reaktionen und Einstellungen zu verändern.

Um die Art zu ändern, wie Leute denken und handeln, müssen Führungskräfte intensiv trainieren und im Sinne eines Vorbilds überzeugen. In jedem Fall müssen sie an dieser Stelle geduldig und konsequent sein.

Ein Mitarbeiter, der gelernt hat wie ein Feuerwehrmann Probleme zu lösen, wird diese Methodik nach ein paar Theorieschulungen nicht um 180 Grad ändern (können), selbst wenn er wirklich motiviert ist.

Niemand fühlt sich wohl, Dinge anders als gewohnt zu tun. Das Einüben und Wiederholen von Verhaltensmustern ist so gesehen der einzige nachhaltige Hebel, um neue „Pfade für das Tun" zu etablieren.

Wichtig ist und bleibt, dass die Mitarbeiter die Zielrichtung kennen.

Abbildung 7:
Zielzustände als Wegweiser für Verbesserungen und zur Eingrenzung der Lösungsalternativen

Durch kontinuierliches Training von Routinen kommen Mitarbeiter aus der Komfortzone in eine Art Lernzone und erweitern auf diese Weise kontinuierlich ihren Horizont.
Der Respekt gegenüber Herausforderungen, die gestern noch weit weg und ungewiss waren, verschwindet und die Wissenszone vergrößert sich nahezu unmerklich.

Auch Dinge, die sich noch gestern in der Angstzone befunden haben, verlieren ihre Bedrohlichkeit.

Kaizen ist kein Projekt

„Kontinuierliche Verbesserungen sind besser als hinausgezögerte Vervollkommnung."
Mark Twain

Unsere deutsche Gründlichkeit steht uns manchmal im Wege, kleine und schnelle Verbesserungen zügig umzusetzen. Bei der Analyse graben wir uns in das Problem ein und versuchen die perfekte Lösung zu finden, statt das größte Problem zu beseitigen und dann die nächstwichtige Optimierung anzugehen.

Hier können wir von den Indern oder Amerikanern lernen, die einfach mal loslegen - ohne Angst, dass sie sich durch die schnelle Vorgehensweise Probleme einhandeln könnten.

Probieren Sie also ruhig etwas aus und perfektionieren Sie dies nach und nach. Auch Versuch und Irrtum ist ein sicherer und schneller Weg zu Erfolg – Hauptsache Sie fangen an. Es besteht auf diese Weise zwar ein Risiko, dass Sie etwas Falsches machen, aber dafür ist die Schadenshöhe gering.

Umgekehrt besteht die Tendenz dazu, direkt vom Problem zur Lösung zu springen.
Es kann aber auch bei scheinbar einfachen Problemen sinnvoll sein, eine Analyse der

Situation vorzunehmen, um zu den Ursachen vorzudringen.

„Das Problem zu erkennen ist wichtiger als die Lösung zu finden, denn die genaue Darstellung des Problems führt fast automatisch zur richtigen Lösung."
Albert Einstein

Versuchen Sie deshalb zwischen diesen beiden Problemkategorien zu unterscheiden:

- Probleme, die in Richtung Lösung schnell und ohne detaillierte Analyse angegangen werden sollten
- Komplexe Problemzustände, bei denen nicht zu schnell vom Problem auf die Lösung gesprungen werden darf

Wichtig ist, dass Sie bei der Bewertung der Informationen differenzieren nach: „Was sind Fakten?", „Was sind Vermutungen?" und „Führen uns die Emotionen in die richtige oder falsche Richtung?".

Nehmen Sie sich also genügend Zeit wenn es darauf ankommt, aber wagen Sie auch mal etwas mit Ihrem Team, denn der frühe Vogel fängt den Wurm.

Abbildung 8:
Vom Problem zum wahren Problem zur
Problemwurzel

Kata – Routinen in der Produktion

„Die größten Erfolge erreicht man nicht mit dem Erlernen von Neuem, sondern dort, wo man Dinge besser tut, die man schon gut getan hat."
Peter Drucker

Abbildung 9:
Nehmen Sie sich die Zeit, um Ihre Arme zu verschränken.

Bitte machen Sie den folgenden kurzen Versuch: kreuzen Sie Ihre Arme wie gewohnt und dann anders herum. War dies für Sie beim zweiten Versuch auch seltsam? Wie einfach ist es dagegen, wenn wir Dinge tun, ohne darüber nachdenken zu müssen.

So ist es für uns eben nicht so einfach, wenn wir Handlungen neu erlernen oder verändern wollen – ganz zu schweigen davon, wenn wir müssen.

Das Festlegen von Methoden oder eine Schulung reichen definitiv nicht, um Menschen zu bewegen. Nur was Sie regelmäßig wiederholen, geht in eine Routine über - und das gilt eben nicht nur für Karateübungen, das Zähne putzen, das Autofahren und das Tanzen.

Gerade beim Autofahren werden die Unterschiede zwischen Routine und Überforderung durch zu viele Informationen deutlich. Der Anfänger ist voll konzentriert und versucht alle Eindrücke und Verkehrshinweise aufzunehmen. Trotzdem oder gerade auch deshalb passieren gerade ihm mehr Unfälle als einem routinierten Fahrer, der alles Unwesentliche ausblendet. Auf diese Weise funktionieren viele unser Gewohnheiten.

Das Gehirn lernt das, was wir wiederholen. Im Gedächtnis entstehen Trampelpfade wie Spuren im Schnee: diese werden intuitiv immer wieder genutzt.

Bei japanischen Kampfsportarten wird eine Routine als Kata bezeichnet. Durch das gebetsmühlenartige Erlernen von Bewegungen gehen die Abläufe in Fleisch und Blut über.

Durch das Wiederholen von Verhaltensroutinen und Denkmustern werden richtige Abläufe reproduzierbar verinnerlicht. Das gilt für Individuen als auch für ganze Organisationen.

Kultur entwickelt sich aus Verhalten

- Neue Verhaltensweisen und Routinen werden konsequent trainiert, geübt und praktiziert
- Neue Gewohnheiten verfestigen sich und beeinflussen das Denken und Handeln der Mitarbeiter auf Dauer
- Gleichartiges Verhalten der Mitarbeiter wirkt auf die Kultur des Unternehmens

Wozu Verbesserungsroutinen?

„Probieren geht über diskutieren."
Mike Rother

Mit einer Verbesserungs-Routine bearbeitet ein Mitarbeiter ein bestimmtes Problem mittels gleichlautender Fragen - immer wieder auf die gleiche gebetsmühlenartige Weise.

Das Ziel ist, bestimmte Probleme standardisiert zu bearbeiten und das gleichermaßen von den Mitarbeitern aller Hierarchieebenen, denn sonst kann sich das Vorgehen nie zu einer echten Unternehmens-Routine entwickeln.

Wichtig, dass wir lernen, kleine Einzelschritte auszuprobieren und Schlüsse aus diesem Ergebnis zu ziehen. Damit eignen wir uns die Fähigkeit an, Lösungen experimentell und in kleinen Schritten durchzuführen.

Mitarbeiter bekommen auf diese Weise wortwörtlich Routine, Verbesserungen effizient anzugehen und mit weniger Anstrengung zu erreichen.

Die Checkliste laut "Abbildung 10" ist ein Beispiel für eine entsprechende Verbesserungsroutine.
"Fünfmal warum" steht in diesem Zusammenhang dafür, dass Sie so oft nachfragen bis Sie zur Problemursache vorgedrungen sind.

Verbesserungsroutine - Checkliste

1. Aktuelle Situation, was sind die Probleme?
2. Was ist das Haupthindernis?
3. Welches ist die Kernursache?
    - Warum ...?
    - Warum ...?
    - Warum ...?
    - Warum ...?
    - Warum ...?
4. Maßnahme - Erwartung an das Ergebnis
5. Bewertung - bei Erfolg Standardisierung

Abbildung 10:
Checkliste für eine Problemlösungs-Routine.
"5 x warum" steht stellvertretend dafür, so lange zu fragen bis man beim Problem auf die Ursache vordringt.

Stellen Sie sich vor, sie kommen in die Fertigung und fragen den Vorarbeiter, an welchem Problem er gerade arbeitet und er sagt:

1. „Mein Hauptproblem war, dass meine Linie einige Tage die Stückzahl nicht erreicht hatte".
2. „Das Haupthindernis war die fehlende Kapazität am Engpass".
3. „Nachdem ich fünfmal warum gefragt habe, hat sich als Kernursache

herausgestellt, dass dem neuen Mitarbeiter nicht klar war, dass diese Engpassmaschine immer laufen muss".

4. „Meine Maßnahme war, dass diese Information nun Teil des Einarbeitungsplans ist und ausgehängt wird".

5. „Dies habe ich mit meinem Abteilungsleiter besprochen, der dies auch in anderen Linien als Standard einführen wird".

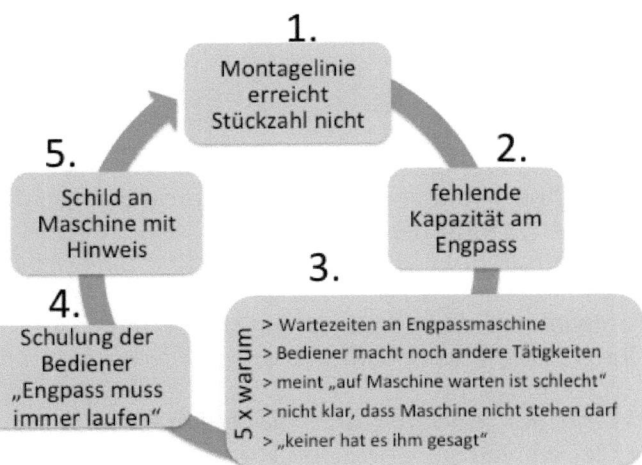

Abbildung 11:
Konkrete Anwendung der Problemlösungs-
Routine am Beispiel Engpass

Durch die Anwendung der Verbesserungs-KATA bzw. von Problemlösungsroutinen verbessern Mitarbeiter ihre Kompetenz, Aufgaben iterativ zu bearbeiten und lernen auf die Weise neue Wege zu gehen.

Dabei wächst ihr Selbstvertrauen und der Glaube daran, dass sie unvorhersehbare Situationen meistern können.

Kaskade des Denkens
(frei nach Michael Buchholz)

- Denken
- Tun
- Gewohnheit
- Charakter

Falls Ihnen meine Problemlösungsroutine nicht zusagt, empfehle ich Ihnen eine eigene Kombination. Es ist nicht sinnvoll, dass Sie etwas übernehmen bzw. kopieren, was nicht entsprechend optimal zu Ihren Abläufen oder Ihrer Unternehmenskultur passt.

Wenn wir jedoch dann die Mitarbeiter nicht anleiten, wie sie etwas tun sollen, spulen diese ihre gewohnten Verhaltensmuster ab.

Was sollen sie auch sonst tun?

Deshalb ist das tägliche Coachen so wichtig, d.h. das Vormachen, das Einweisen und das sofortige Korrigieren bei Abweichungen.

Die Führungskraft als Coach

„Ein Manager sollte nicht alles selber machen, aber er sollte coachen, trainieren und all die Dinge tun, um andere dazu zu bringen, erfolgreich zu sein."
James Martin

Wir müssen uns bewusst sein, dass alle Führungskräfte indirekt Lehrer sind. Sie leben Handlungsweisen vor und bestimmen so die Fähigkeiten einer Organisation.
Führen und Coachen ist deshalb ein unzertrennliches Duo moderner Führung geworden.

Ideal ist es, wenn alle Mitarbeiter einer Zielgruppe einheitlich trainiert und systematisch angeleitet werden – dadurch sprechen alle eine gemeinsame Sprache.

Der Lerneffekt aus Schulungen entsteht besonders dann, wenn die Vorgesetzten diese Inhalte abfordern und tagtäglich vorleben.
Durch ständige Übung wird die Beherrschung des Gelernten sichergestellt.

Wenn das Verhalten des Managements gleichbleibend, klar, konsequent und widerspruchsfrei ist, ahmen ihre Mitarbeiter diese erstrebenswerte Vorgehensweise normalerweise gerne nach.

Es geht nicht um irgendwelche Verhaltens-weisen eines unbekannten Trainers – statt-dessen wird genau das vermittelt, was dem Vorgesetzten bzw. dem Unternehmen wirklich wichtig ist.

Erfahrungsgemäß sieht die Realität oftmals anders aus.

Die Coaching-Kata setzt hier an.

Die Coaching-Kata

„Nur was von allen verstanden wird, kann auch von allen gelebt und umgesetzt werden."
Peter May

Die Coaching-Kata ist eigentlich nichts anderes als eine standardisierte Abfolge von Fragen, die ein Mentor in regelmäßigen Abständen stellt, ohne den Schüler bzw. Mentee in eine bestimmte Richtung zu steuern. Der Mentee soll mit dieser Orientierungshilfe seine eigenen Lösungen erarbeiten. Gleichzeitig lernt er das Denken in Verbesserungsroutinen.

Zunächst empfehle ich, klar verständliche Verbesserungs-Routinen zu entwickeln. Voraussetzung: sie müssen zur Kultur des Unternehmens passen und sollten vom gesamten oberen Management wirklich gewollt sein oder zumindest getragen werden.

So ist sichergestellt, dass diese Routinen durch die Führungskräfte vorgelebt und angewendet werden.

Verbesserungsroutinen zu lernen und zu beherrschen setzt regelmäßiges Üben unter Anleitung eines erfahrenen Coaches voraus. Der Coach unterstützt methodisch und sorgt für ein vorwurfsfreies Umfeld des Mentees.

„Gesunder Menschenverstand und Phantasie helfen dabei, sich voranzutasten."
Albert Einstein

Die Coaching-Routine wird in einer täglichen Führungskaskade genutzt und geübt. Der Coach stellt offenen Fragen, liefert also keine Lösungsvorschläge – und das ist ganz schön schwierig!

1. Was ist der Ziel-Zustand?
2. Wie sieht der derzeitige Ist-Zustand aus?

   Reflektieren Sie dabei den letzten Schritt:
   - ☐ Was hatten Sie vor?
   - ☐ Was passierte tatsächlich?
   - ☐ Welche Schlüsse ziehen daraus?
3. Welche Hindernisse halten Sie aktuell ab, den Ziel-Zustand zu erreichen?
4. Welches Hindernis gehen Sie als nächstes an?
5. Wie sieht Ihr nächster Schritt konkret aus?
6. Wann schauen wir uns das Ergebnis an?

Coaching-Routine - Checkliste

Abbildung 12:
Checkliste für eine Coaching-Routine -
entwickeln Sie Ihre eigene!

Der Mentee erarbeitet die Lösungen in Richtung Zielzustand. Durch die Coachings lernt er Probleme zielgerichtet zu lösen, aber auch die Abfolge der Fragen auf dem Verbesserungsweg zu verinnerlichen. Zusätzlich wird der Mentee trotz der Tageshektik motiviert, Verbesserungen kontinuierlich bzw. täglich anzugehen und zu verfolgen.

Der Mentee optimiert und lernt letztlich auch für seinen Coach. Dieser wiederum erkennt die Bemühungen des Mentee an, bringt ihm das methodische Wissen bei und stellt sicher, dass die konkreten nächsten Schritte auch wirklich in Richtung des gemeinsamen Zielzustandes führen.

Coaching-Gespräche sollten zu festen Zeiten eingeplant und durchgeführt werden. Dabei werden lange Diskussionen vermieden. Drei Termine pro Woche haben sich bewährt. Verbesserungsroutinen werden idealerweise täglich angewendet.

Was ist der Ziel-Zustand:			*im Gang stehen keine Paletten mehr*			
	Was ist der Ist-Zustand?			Welche Hindernisse halten Sie aktuell ab?	Welches Hindernis gehen Sie als nächstes an?	Wie sieht Ihr nächster Schritt konkret aus?
Datum	Was hatten Sie vor?	Was passierte tatsächlich?	Welche Schlüsse ziehen Sie?			
02.04.15	bla bla bla	bla bla bla	bla bla bla	bla bla bla	bla bla bla	bla bla bla
03.04.15	bla bla bla	bla bla bla	bla bla bla	bla bla bla	bla bla bla	bla bla bla
03.04.15						

Abbildung 13:
Coaching-Checkliste in Tabellenform

Eine Coaching-Kata kann nur zur Routine werden wenn sie konsequent angewendet wird. Die entsprechende Kaskade muss wohl überlegt sein und konsequent gelebt werden.

Die Rollen müssen in der Organisation verankert sein, also klar festgelegt, geschult und geübt werden.

Die folgende Tabelle gibt Ihnen einen Anhaltspunkt, wie strukturierte Coaching-Gespräche ablaufen könnten und wie eine mögliche Rollenverteilung aussehen kann:

Der Mitarbeiter im Prozess arbeitet nach Standard und hat die Verantwortung für Leistung und Qualität. Er soll Fehler im Standardprozess entdecken und melden, aber keine Schwächen im Prozess ohne Rückmeldung an den Vorgesetzten ausbügeln.

Der Vorarbeiter/Teamleiter sucht nach Abweichungen im Standard und reagiert sofort auf Störungen, d.h. verbessert Prozesse im Dialog mit dem Mitarbeiter und Coach. Dazu entwickelt er kontinuierlich bessere Lösungen, die er bei Erfolg im Standard verankert.

Der Meister/Fertigungsleiter als Coach des Teamleiters Er stellt sicher, dass dieser die Verbesserungsroutinen übt und einhält, d.h. stellt regelmäßig standardisierte Fragen zu Verbesserungen in Richtung Zielsetzung ohne dabei Lösungen zu suggerieren.

Der „Coach-Coach" überprüft den Coaching-Prozess und stellt sicher, dass die Coachings regelmäßig, zielgerichtet und strukturiert stattfinden, d.h. nach den Unternehmens-Standards, Methoden und Routinen und sorgt für entsprechende Rahmenbedingungen.

Abbildung 14:
Rollen und Aufgaben in der Coaching-Kata als Führungsroutine

Praxisbeispiel als mögliche Pilot-Vorgehensweise

- Information der Beteiligten durch den Chef zur Zielsetzung und der Vorgehensweise - es muss klar werden, dass die Umsetzung der Kata-Methodik ein Unternehmensziel ist und keine Wunschveranstaltung
- Auswahl eines erfahrenen Trainers oder Beraters
- Einigkeit bei der ganzen Führungsmannschaft, z.B. durch einen Workshop
- Auswahl eines erfahrenen Trainers oder Beraters
- Festlegung des Coaches (z.B. ein Fertigungsleiter, ein Mitarbeiter des KVP-Teams)
- Festlegung der Mentees (z.B. zwei jeweils unterstellte Teamleiter)
- Schulung bzw. Coaching der Beteiligten durch den Berater oder Trainer

- Definition des Coaching-Ziels (z.B. „Als Teamleiter nehme ich mir zukünftig eine halbe Stunde pro Tag mehr Zeit, um mich aktiv um Verbesserungen zu kümmern.")
- Festlegung des Optimierungsthemas, das zum Zielzustand führt, z.B. Optimierung des Tagesablaufs („Welche Aufgaben kann/sollte ich reduzieren oder ganz weglassen, um freie Zeit zu gewinnen?")

- Festlegung der Coaching-Termine (z.B. mit "Coach-Teamleiter" Dienstags und Freitags um 8:10 bis 8:30)
- Vereinbarung von Coach-Coach-Gesprächen zur Reflektion mit dem Trainer/Berater (z.b. wöchentlich)

- Durchführung

Anmerkung: es eigenen sich nur Optimierungsziele, bei denen das Ziel klar ist, aber der Weg dorthin noch nicht. Außerdem müssen Fortschritte kurzzyklisch erzielbar sein. Aufgaben, die Projektcharakter haben, sind nicht geeignet, da diese normalerweise klar definierte Teilaufgaben mit größerem Inhalt besitzen.

Shopfloor-Management

„Wir sind, was wir immer wieder tun. Exzellenz ist keine Handlung, sondern eine Gewohnheit."
Aristoteles

sichtbar
- O Visualisierung
- O Ordnung und Sauberkeit

unsichtbar
- O Kultur
- O Effizienz
- O Konsequenz
- O Führen vor Ort

Abbildung 15:
Konsequenz und Führen vor Ort sind wichtige Themen, die nicht gemessen werden können.

Fachleute und Führungskräfte sollten nicht im Büro an Problemen der Fertigung arbeiten, sondern mit den Menschen vor Ort in der Produktion, also am Shopfloor.

Warum?

Weil das Bild im Kopf von der Wirklichkeit abweicht und wir uns nicht alle Details merken können. Außerdem wissen die Mitarbeiter in der Fertigung viel besser, was sie behindert. Nicht zu vergessen, dass ihre Akzeptanz ganz entscheidend ist, wenn neue Lösungen in der Produktion erfolgreich eingeführt werden sollen.

Start in einen gut organisierten Tag

- Es wird am Ort des Geschehens geführt und nicht vom Schreibtisch aus.
- Jeden Tag um die gleiche Uhrzeit erfolgt ein Regelgespräch mit standardisierten Inhalten. Somit haben die Führungskräfte kurzzyklisch die Gewissheit, dass sie „im grünen Bereich" sind.
- Abweichungen vom Plan und resultierende Maßnahmen werden zeitnah mit den entsprechenden Fachleuten diskutiert.
- Probleme werden auf der eigenen Hierarchieebene gelöst, zumindest soweit dies möglich ist.
- Entscheidungen können bei Bedarf noch am selben Tag auf die nächsthöhere Hierarchie eskaliert werden.
- Das tägliche Regelgespräch beginnt deshalb in der kleinsten Führungseinheit vor Ort und wird jeweils auf der nächsthöheren Führungsebene wiederholt.
- In Bezug auf „Wille und Disziplin" fungiert das obere Management als Vorbild.

Bei Toyota verwenden die Vorarbeiter, Teamleiter und Abteilungsleiter 50 Prozent Ihrer Zeit für Verbesserungs- und Coaching-Aktivitäten. In deutschen Produktionen haben Gruppenleiter oder Meister oftmals eine zu hohe Führungsspanne.

Abbildung 16:
Toyotas Problemlösungskreislauf im Shopfloor-Management

Das Führen am Ort der Wertschöpfung ist nicht leicht, weil ständig Störungen herein prasseln. Das erschwert das Differenzieren zwischen „wichtig", „dringend" und „unwichtig".

Die Basis beim Shopfloor-Management bildet deshalb ein tägliches Regelgespräch an der Shopfloor Tafel in der Produktion (siehe Abbildung 17).
In diesem strukturierten Dialog zwischen Mitarbeitern und Führungskräften werden Probleme direkt adressiert und Maßnahmen schnell entschieden. Kapazitätsprobleme müssen zum Beispiel sofort (übergreifend) angegangen und gelöst werden.

Die entscheidenden Erfolge, Probleme und Maßnahmen werden kurz vor dem Treffen von den Verantwortlichen manuell auf dem Board eingetragen und beim eigentlichen Meeting in aller Kürze vorgetragen.
Bei einem entsprechendem Übungsgrad reichen 15 bis 20 Minuten für die Vorstellung von fünf Verantwortungsbereichen (diese entsprechen jeweils einer Spalte in Abbildung 17).

Die wichtigsten Probleme, Erfolge und Maßnahmen werden vom Tafel-Verantwortlichen notiert und in der nächsten Ebene entsprechend visualisiert und kommuniziert.
Bei Bedarf erfolgt noch am gleichen Tag eine weitere Eskalierung nach oben.

Abbildung 17:
Shopfloor-Management-Tafel mit
handgeschriebenen Einträgen, einer Agenda,
Besprechungsregeln und verschiedenen
Magneten, um die Probleme und Maßnahmen
visuell sichtbar zu machen

Shopfloor-Management funktioniert nur dann, wenn die Eskalation bis zur Produktionsleitung geregelt ist und von dem Management durch tägliche Konsequenz vorgelebt wird. Shopfloor-Management darf keine Modeerscheinung sein, die vom Management delegiert wird.

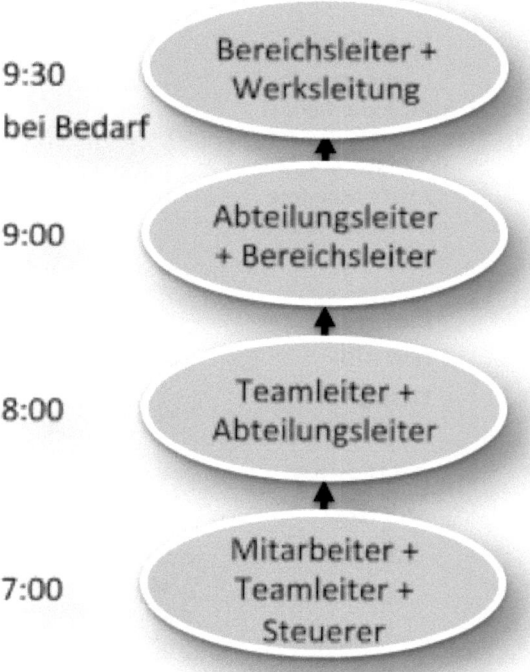

Abbildung 18:
Tägliche „Stehungen" im Rahmen des Shopfloor-Managements - das Shopfloor-Meeting mit der Werksleitung findet normalerweise nur einmal pro Woche statt

Kennzahlen – manchmal ist weniger mehr

„Sage mir, wie Du mich misst und ich sage Dir, wie ich mich verhalten werde."
Uwe Techt

Deutsche Unternehmen sind bei der Generierung von Kennzahlen sehr kreativ. So wundert es nicht, wenn regelmäßig diskutiert wird, ob diese Kennzahlenflut reduziert werden soll – mit mäßigem Erfolg. Immerhin wird für die Generierung der Aushänge nicht selten ein Zeitaufwand von über einem Prozent der Produktionskapazität verbraucht.

Durch diese Flut an Informationen entsteht eine neue Form der Verschwendung: Informations-Muda. Solange „das Schiff" auf diese Weise sicher gesteuert werden kann, ist alles bestens.

Das Problem an dieser Sache ist, dass der „Kapitän" fast nur mit dem Rückspiegel fährt – reicht das wirklich, um den nahenden Eisberg rechtzeitig zu entdecken?

Deshalb plädiere ich dafür, bei den Kennzahlen in der Fertigung abzurüsten.

Der Aufwand hält sich in Grenzen, wenn der Gruppenleiter die Leistungszahlen des Vortags beim täglichen Startgespräch manuell in eine

Tabelle einträgt und bei Abweichungen sofort nachhakt und handelt.

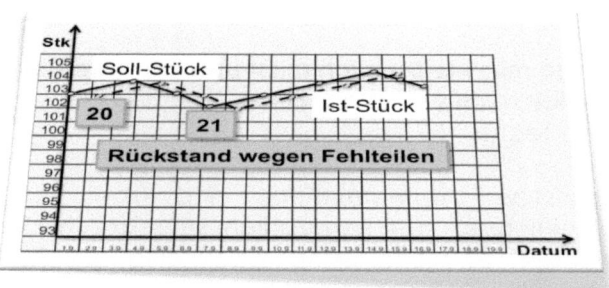

Abbildung 19:
Shopfloor-Management mit manuell erstellten Kennzahlen

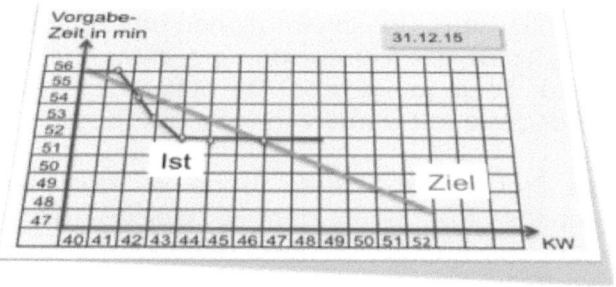

Abbildung 20:
Überwachung von Vorgabezeitentwicklung in der Fertigung

Selbst mittels einer Strichliste können übersichtliche und visuell ansprechende Kennzahlenboards entstehen:

Produktions-Infotafel

Uhrzeit von ... bis		Plan-Stückzahl	Aktuell		Kommentar
12.02.15					
06:00	09:00	35	卌 卌 卌 卌 卌 II	22	Teil 4711 hat gefehlt
09:00	12:00	35	卌 卌 卌 卌 卌 卌 卌 卌 III	37	
12:00	15:00	35	卌 卌 卌 卌 卌 卌 II	27	Defekt Drehmaschine
15:00	18:00	35			
18:00	21:00	35			
21:00	22:00	15			
13.02.15					
06:00	09:00	35			
09:00	12:00	35			
12:00	15:00	35			
15:00	18:00	35			
18:00	21:00	35			
21:00	22:00	15			

Abbildung 21:
Shopfloor-Management mit manuell erstellten Kennzahlen

Literaturverzeichnis

Aulinger, G. (2014), Beyond what you can see, in: Vortrag, Köln.

Aulinger, G. (2014), Organisationen werden nie besser sein als Ihre Mitarbeiter, in: http://www.verbesserungskata.de.

Drucker , P. (2005), Die besten Ideen von Peter F. Drucker, Hamburg.

Kürzel, A. (2015), Produktionssystem, Fertigungssteuerung, Toyota und Kata - mit Konsequenz zur Exzellenz, Norderstedt.

Liker, J. K. (2009), Die Toyota Kultur, München.

Liker, J. K. (2013), Der Toyota Weg Praxisbuch, München.

Malik, F. (2014), Wenn Grenzen keine sind. Management und Bergsteigen, Frankfurt/Main.

Rogoll, R. (2011), Werde, der du werden kannst, Freiburg.

Buchempfehlung

Produktionssystem, Fertigungssteuerung, Toyota und Kata - durch Konsequenz zur Exzellenz

- Im Buch werden wichtige Aspekte von Toyotas Produktionssystem beleuchtet.
- Anhand von Anwendungsbeispielen werden die Potenziale der Fließfertigung und der Engpass-Steuerung gezeigt.
- Das Buch gibt Einblicke in das Arbeiten mit Verbesserungsroutinen, der Coaching-Kata und Shopfloor-Management (Inhalt dieses Buches).
- Es zeigt Lösungsansätze und Praxisbeispiele von deutschen Weltklasse-Unternehmen wie z.B. BMW, FESTO oder TRUMPF.
- Das Buch enthält 50 Zitate und 50 Abbildungen.

- Ideal für Führungskräfte der Produktion, Lean-Experten, Kaizen-Spezialisten, Planer, Fertigungssteuerer und Geschäftsführer.

- Die englische Ausgabe des Buchs war Neuerscheinung Nr. 1 im Bereich "Lean Management" auf Amazon.com.

Inhalt: